Päivikki Iivari

Kellarissa tuulee

© 2019 Iivari, Päivikki
Kustantaja: BoD – Books on Demand, Helsinki, Suomi
Valmistaja: BoD – Books on Demand, Norderstedt, Saksa
ISBN: 978-952-80-0836-1

Valkoinen paperi tulee kohti
yrittää kietoutua ympärilleni
ja tukahduttaa

Maalaan siihen ympyrän
reijän toiseen ulottuvuuteen
missä tähdet tanssivat
kissanpolkkaa
sateenkaaren värisellä taivaalla

Kaatoja

Tuuli kaatoi lipputangon
korjaaja tuli ja kaatoi rouvan
vihastunut siippa kaatoi korjaajan nyrkillään
poliisi kaatoi tappelijat ja vei sitten putkaan
yksin jäänyt rouva kaatoi aikansa kaljaa
potkaisi lipputankoa ja kaatui

Minä tuota ikkunasta katsoin
ja mukiini lisää kahvia kaadoin

Vanha vuosi väistyi uuden tieltä
nyt heti aloita dieetti ja jumppa
niin kesäksi ehdit rantakuntoon
huutavat lehtien otsikot

Ihan kuin sillä jotain merkitystä olisi
päivien virta ei vuosien vaihtumista laske
eikä ranta kävijöidensä muotoja mittaa

Onnellisten ikkunoissa valo
sinulla paksu peitto
eikä pienintäkään rakoa
valon kurkistaa

Pyytämättä tulen
peiton kulmasta ravistan ja kiskon
harjaan hiustesi solmut
hieron jalkojasi jotta ne muistaisivat
jos väsyvät, silitän kättäsi

Älä pelkää
olen tässä niin kauan
kunnes sinä olet muualla

Ihmiset kavahtavat toisiansa
koskea ei tohi puolitutut

Annan sinulle hymyni, vieraalle
katsot kummissasi, vierasta
mutta suusi noudattaa ikiaikaista koodia
kysymättä lupaa ajatuksen majalta
vastaa hymyyn, vieraan   -kin

Elämän eteisessä
hiljaa, silmät kiinni
kuvittelen pois
maailman kaiken pahan
suolaisella vedellä
huuhdon pois
pettymykset

Kunnes on aika
ottaa askel

Älä pelkää minua
minä pelkään jo kaikkea

Pimeyttä sakeaa
valoa kaiken paljastavaa
kuolemaa, elämää
itseni varjoa
varjottomuutta
pelkoa itseään

Älä pelkää minua
minä pelkään jo
meidän molempien puolesta

Syvien vesien seireenit
kuiskivat korvaani valheitaan
houkuttelevat tummiin vesiin

Vajoan
vielä mieleni toivoo
verkkoa tulevaksi
pohjanuottaa
joka nostaisi

pois

Sanot, koitahan jo reipastua
nouse ylös ja tee jotain

Helppo sanoa, mutta

montun pohjalle pudonnut
kaipaa pitkiä tikkaita
pelastukseen asti nousevia

Ei köyttä
kaulansa ympärille solmittavaksi

Korjaa minut
liitä yhteen palaset
käytä vahvinta liimaa

Korjaa minut
vaikka pyyntö on mahdoton

Korjaa, itse en osaa

Selvimmin
maailman
rikkinäisyyden
näkevät he
joiden otsaan
"viisaat" ovat
painaneet
hullun leiman

Istut siinä
taivaan paino harteillasi
tiedät
että se putoaa ilman sinua

Turha minun on sanoa
pidä huoli itsestäsi
kyllä taivas oman huolensa hoitaa

Kuinka sanoa toiselle
kurkota, kurkota
kuu ota
kun toisen taivaalla
kuuta ei ole

Kuinka vakuuttaa elämän ihanuutta
kun toinen ei valoa näe

Istutaan vieretysten
nojaa olkaani
ollaan vain hiljaa

Tarvitsen toisen jalkaparin
on niin kiire paikasta toiseen

Tarvitsen toisen käsiparin
on niin paljon kaikkea tehtävää

Tarvitsen toisen minän
juoksemaan ja tekemään
että itse saisin välillä huilata

Sikiöasennossa peiton alla
mielestäni onnea etsin

Kuinka paljon
pitää elämässä tehdä
että on saanut aikaiseksi jotain
paljonko suorittaa
ollakseen tärkeä

Kuka kaiken mittaa
ja millä mittatikulla

Haluaisin vain -

Tuuli

Lähdin tuuleen
päätäni tuulettamaan
jos sieltä vielä löytyisi
kaiken turhan alta
haaveksimatta jääneitä haaveita
toteuttamattomia toiveita
jotain mitä seurata, jotain...

Tuuli teki voitavansa
puhalsi kovaa ja kylmästi

päänsäryn lahjoitti

Tuli tuuli ja puhalsi
olevaista ravisteli
minä vastaan harasin
vanhasta kiinni pitelin

Tuli myrskytuuli
otteeni irrotteli
vanhan varan pois puhalteli
olevaisen uudeksi järjesteli

Minut uuteen heitti

Yön myrskytuuli
on riipinyt puiden viimeiset lehdet
leikkinyt niillä aikansa
heittänyt sitten menemään

Marraskuun tahmea pimeys
musta asfaltti imaisee auton ajovalon
ahnaasti kuin kuiva maa vesitipan
satoa tuottaakseen

Pimeys sulkee paksut verhonsa
kuin kulkijaa tai tietä
ei olisi ollut olemassakaan
koskaan

Vain lehtiä tuulessa

Aamuyöllä
avonaisen ikkunan äärellä
hengitän savua ja kirpeää ilmaa
syksy on riisunut maisemasta
kaiken vihreän
jättäen näkyviin vain betonilaatikoita
harmaita ihmiskennoja
harmaine ihmisineen

Hiljaisuutta katkoo
kellon vaimea tikutus

Yksinäinen voikukka
uhmakkaasti pysytyssä
keskellä lyhyeksi leikattua nurmea

Yksin

Elämän potkimat
ringissä juomassa juomiaan

Väsyneet

Auringon polttama vihreä
janoaa sadetta tulevaksi
pelastusta odottaen

Kaikki ovat

Kiltti
hymyillen taipuu tahtoon toisten
omansa unohtaen

Pelokas
pysyy kaapissaan
ihmisten edessä itsensä kieltää

Petetty ja jätetty
jäänyt jumiin menneeseen
uutta ei uskalla vastaanottaa

Eheän julkisivun takana
rikkonaisia jokainen
tavallaan

Tavoittelin taivaita
mitä korkeammalle kiipesin
sitä kauemmas se karkasi

Kurkotellessani
astuin harhaan, putosin
siinä maassa maatessani
näin tähdet
ja taivas laskeutui päälleni

Putositte kehityksen kelkasta
olette taakka
sanovat nuoremmat
kuin ennen ei olisi eletty

Vaan mitäpä teette
kun tiedonvirtaanne eksyy roska
sähköt on poikki ja akku tyhjä

Te, laitteisiinne kiinni kasvaneet

tulkaa ulos,
täällä huutaa vanhat

Aika teki tepposet
sotki menneet vuosisadat
tähän päivään

Ihminen, itse itsensä korottanut
uskoo merenneitoihin
ja maailman litteyteen

Ennen noidaksi tuomittu tapettiin
tänään viedään vain elämisen mahdollisuus
omat kädet pesten

Minäkö olen se pahin
kun en mielipidettäni julki huuda

Luin lehden
uutiset ovat muuttuneet mielipiteiksi
jokaisella on omansa
se on hyvä, kunhan se on oikeanlainen
väärä mielipide on väärä
eikä väärin ajattelevia suvaita

Sananvapaus tänään
tarkoittaa samoinajattelevaa

Toisinajattelijoita sananvapaus ei
koske
sillä hehän ovat väärässä
heitä pitää siitä kovin sanoin oikaista

Sananvapauden puolesta taistelleet
vetäisivät herneen nenäänsä
jos vielä eläisivät

Silmälaput tiukasti silmillä
kiellä ongelma
eikä sitä enää ole

Totuus
sehän kiinnostaa
vain intomielisiä

Yksi hidas

Tanssi kanssani tämä tanssi
enempää en pyydä

Tanssi kuin rakastaisit
tämän yhden kerran
hengitän sinua

Kun musiikki loppuu
lähde suuntaasi
minä omaani

Luvatta

Huutoni jää kätesi alle
kovat ja ahnaat kädet
teet tahtosi, viet arvoni

> *Kukaan ei näe*
> *kukaan ei kuule*
> *kukaan ei auta*

Minä pesen ja hankaan
eikä se lähde pois

Kukaan ei näe
kukaan ei kuule
mikään ei auta

Nielen yksitellen

kaksikymmentä
kolmekymmentä

pientä ja valkoista
vapautus, uni josta ei enää herätä

Olen aina ollut erilainen
harmaa täplä värikkäässä kuvassa
näkymättömyysviitan alla kasvanut

En hahmottanut muotin reunoja
niitä, minkä sisään olisi pitänyt sopia

Hiljaisuuden tyhjä rinki ympärilläni
ja siellä keskellä
ihoni huutaa kosketusta
mieleni yhteyttä

Rajoittava rakkaus

Rakkaudesta
suljet minut huoneeseeni

Rakkaudesta
valitset vaatteeni
ystäväni, opiskeluni

Rakkaudesta
elät kauttani

Rakkaudesta
jota en tahdo tuntea
karkaan ikkunasta

Itsetutkiskelua

En syntyä pyytänyt
synnyin kuitenkin

En turpiini pyytänyt
sain kuitenkin

Rakkautta pyysin
vähän sitä sain maistaa
onneksi enemmän pystyn antamaan

Ei se minusta parempaa ihmistä tee
vain vähän anteliaamman

Toisessa elämässä

Pääni täyttyy vieraista äänistä
sydämeni viiltävästä kivusta
ehkä jossain toisessa elämässä
et jätä minua
vaan yhdessä vanhenemme
ja vielä ennen kuolemaa
lasken sormiasi
sanon, rakastan sinua

Usvaksi sitä luulin
mutta se olikin savua
savua elämäni raunioista

Tulkaa ja tuokaa makkaraa
hiillos on valmis

Kun kallio
johon on luottanut
no, kuin kallioon
murenee

Ei palasista enää ehjää saa
vaikka kuinka asettelisi

Abstraktia taidetta korkeintaan

Ei saa koskea!

Heräämisiä

Kaikessa joustanut
ohueksi kulunut
kuin hiukinut lakana

Katso nyt
ei minuun enää
voi jalkojaan pyyhkiä

Kädet levällään pyydän

Tuuli, puhalla minut täyteen ilmaasi
Maa, anna lujuuttasi
Aurinko, lämmitä kylmät luuni

Valkoinen on vaikea väri

Harha

Jos sanasi eivät ole totta,
oletko sinäkään

Lohdukseni tarkoitetut sanat
valmiina iskemään
reikiä selkääni

Yön tuoma harhakuva

Turtumuksen rutiini

Rutiini
hiipii kylkeen huomaamatta
eikä autoakaan voi enää tankata
kuin siltä yhdeltä asemalta
siltä samalta tankilta

Turtumus
ui liiveihin samalla lailla
kohta jatkuva ohjeistus
ja alentuvat huomautukset
ohitetaan olankohautuksella

Tämä nyt on tällaista

Kunnes yhtenä päivänä vihdoin tajuat
se auto kulkisi vaikka sen tankkaisi missä
oikeastaan olet ihan hyvä tyyppi
eikä päivittäistä alentamista tarvitse sietää

Vielä pitäisi löytää rohkeus sen sanomiseen

Jos et voi arvostaa minua niin kuin olen
tankkaa autosi missä lystäät
ja lähe menee

Pamaus

Hajosiko pääni
vai halkesiko sieluni
kuulitko pamauksen?

Korvissani kumajavat kellot
joiden kaiku värisyttää ihoani
meren aaltojen lailla

Näkemättä katson kuinka
valovirta valuu varpaistani

Ritisten muutun kiveksi
josta hyvä ja paha vielä taistelevat

Kerro, oletko tulossa vai menossa

Suruni on liian suuri
kerralla surtavaksi

Pilkon sen kilon palasiin
suren pois pala kerrallaan
pala kerrallaan päästän irti

Aika vei onnelliset päivät

Marttyyrin reppu

Kuinka paljon
olet kerännyt reppuusi pettymyksiä
kun et olekaan luettavissa
oleva avoin kirja

Kuinka paljon
alastomia toiveita
vailla sanojen vaatteita
piilotat sisimpäsi komeroon

Kuinka vaikeaa
toiveitaan on sanottaa
helpompi vain olla hiljaa
ja marttyyrina reppua kantaa

Nostitte jumalan
vasemmalle puolelle
omat uskontonne
rahan, ruuan, kuntoilun
jonkun uuden nousevan trendin

Hurskaasti tuomitsette kaikki
jotka kehtaavat olla uskomatta
omiin dogmeihinne

Siellä vasemmalla
alkaa olla ruuhkaa

Elämän sirkus

Sirkuksen vahvin mies
karjahtaen painoja nostaa
lihakset isot pullistellen
näytöksissä loistaa

Väki ihaillen katsoo ja taputtaa
pois mennessänsä tuumaa
ei lähelle mennä
sillä tietäähän sen
murskaa meidät tuo
mies iso ja roima

Näytöksen jälkeen
mies yksinäinen
suruissansa pohti
miksi alle kuoren tään
ei näe tuo hurraava väki

Päivänä yhtenä näytökseen tuli
nainen reipas ja tuhti
oli ympärysmittansa melkoinen
ja leukojakin kertynyt kuusi
kukkamekkoonsa arvaan
mennyt kangasta varmaan
kokonainen pakka

Millään ymmärrä ei
miksi mielestä muiden
pitäisi ääriään käähiä mustaan
kukallisena sentään yksinäinen
saa seurakseen perhosia

Kohtas katse kahden niin erilaisen
toisissaan tunsivat toisen yksinäisen
jos käsi kädessä jatkaa
yhdessä matkaa
ei yksin enää tarvitse olla

EI, huusi väki
ei tuollainen käy
jokaisen lokerossaan pysyä pitää
turvaksi meidän muiden se on
eihän muuten oo mieltä missään

Käsi kädessä hetken miettivät tuota
kaksi ennen niin yksinäistä
kuka lokerot säätää
ja muut niihin määrää
kun itse emme tienneet moista

Arvaat varmaan
pois lähti ne kaksi
elämänsä muuttivat
paremmaksi

Siis

Jos pelkojesi vuoksi
et itsestäsi anna
muiden salli niin tehdä

Jos sulla muuta ei oo
kuin pikkumaisuus
mielipitees hanuriisi työnnä

Letit

Minä olen jo vanha
enkä muuta yritäkään olla

Isovarpaissani kasvaa karvaa
liian vähän letitettäväksi

Jos näistä letit saisi
kesät paljain jaloin kulkisin
letit varpaissa heiluen

Ei lentokala lintuhäkissä pysy
kaltereiden välistä se
vapauteen luikertelee

Tuulessa kevyesti lentelee
eikä hittojakaan välitä noista
jotka sanovat

Et voi tehdä noin
olet kala

Ei valas syvyyksissä pysy
kaiken kansan silmien alla
kirkkaissa vesissä ilakoi

Eikä hittojakaan välitä noista
jotka sanovat

Et voi tehdä noin
olet liian iso

Ja se on ihan oikein

Maalari

Tahdon maalata,
maalata makuuhuoneen seinät
täyteen kukkia
lemmikkejä, orvokkeja
lintuja ja perhosia

Yhdelle seinälle meren
ja kuohuissa tanssivia delfiinejä

Sellaisesta huoneesta
herääminen olisi satua

Hulluutta, sanot
aikuisen pitää elää aikuisen elämää

Maalaan silti...

Peilit

Jos huoneen jokaiselle seinälle
peilejä ripustaisin
vierekkäin, allekkain
limittäin, lomittain
itseni niin monentaisin

Jos tanssiksi siinä laittaisin
kaikki minäni kanssani tanssisi
ja lystit tanssit ne olisi
ei tulisi riitaa, ei tappelusta
tanssipartnerista

Penkki

Penkki aurinkoisella seinustalla
pakaroitteni muoto,
vuosien mittaan leventynyt,
pintaan piirtyneenä
muistona istutuista tunneista

Kun aikani täyttyy
haudatkaa minut penkkini kanssa
tai vielä parempi
polttakaa samalla roviolla
antakaa tuhkat
uudelle elämälle

Mitä vanhemmaksi tulen
sitä lyhyemmäksi askel
ja pidemmäksi varjot

Tulkoot vain
en pelkää kuolemaa
en osannut pelätä elämääkään

Joitain ihmisiä kyllä

Tuulentupa

Muistatko vielä lapsuuden kesät
aurinko paistoi lempeästi
kukat tuoksuivat hunajalle
heinän korressa ahomansikat
polvessa ratamon lehti

Tuulen tuvassani
tuuli seininä, taivas kattona
ja muistoista tehty lattia

Eihän meillä kiirettä
otetaan teetä ja vaikka pullaa
anna junan mennä
tuleehan noita

Soittaa kaipuu sisintäni
taitavimman muusikon lailla
hellästi näppäilee
sointuja lähes unohdettuja

Kuuletko,
kuinka sinua tulevaksi toivon

Yllättäen seisoit
pölyisen maailmani kynnyksellä
valaisten hymylläsi hämärän

Sydämeni karkasi
perhosen lailla lepattavaan lentoon

Haaveissani tunsin
kätesi ympärilläni, huulesi huulillani

Vaan hämärän lapsi
hämäräänsä jää, haaveista totta
ei uskalla yrittää

Yksi juoma juotavana
yksi tanssi tanssittavana
yksi matka tutkittavana
yksi elämä elettävänä
kolme sanaa sanottavana
kahden

Kuinka autuasta
on kadota rakkauteen
ja löytää itsensä
katseesta, kosketuksesta
tuhat kertaa
joka päivä

Flunssaisen manaus

Kumoan kuumeen kuutamolle
Taion tauvvin taivasalle
Manaan mokoman muille maille
Vilahda viirus vesakkoon
Pakene basilisko pusikkoon
Sisuksistani sen sihistelen
Palloksi pois puristelen
Kirousten kera kiristelen
Jo joutuin
Muille maille menköön
Tauvvin turjake
Hermojani hieromasta
Poistu perkele

Aiemmat julkaisut

Myötäkarvaan silitettävä, 2018
Elämän jäljet, 2017
Mikä siinä on niin vaikeaa, 2016